BEI GRIN MACHT SICH IHR
WISSEN BEZAHLT

- Wir veröffentlichen Ihre Hausarbeit,
  Bachelor- und Masterarbeit

- Ihr eigenes eBook und Buch -
  weltweit in allen wichtigen Shops

- Verdienen Sie an jedem Verkauf

Jetzt bei www.GRIN.com hochladen
und kostenlos publizieren

Carina Debeur

Untreues Verhalten in einer Partnerschaft. Gründe, Erklärungen und Rechtfertigungen

GRIN Verlag

Bibliografische Information der Deutschen Nationalbibliothek:

Die Deutsche Bibliothek verzeichnet diese Publikation in der Deutschen National-bibliografie; detaillierte bibliografische Daten sind im Internet über http://dnb.d-nb.de/ abrufbar.

Impressum:

Copyright © 2012 GRIN Verlag GmbH
Druck und Bindung: Books on Demand GmbH, Norderstedt Germany
ISBN: 978-3-656-44215-8

Dieses Buch bei GRIN:

http://www.grin.com/de/e-book/215444/untreues-verhalten-in-einer-partnerschaft-gruende-erklaerungen-und-rechtfertigungen

GRIN - Your knowledge has value

Der GRIN Verlag publiziert seit 1998 wissenschaftliche Arbeiten von Studenten, Hochschullehrern und anderen Akademikern als eBook und gedrucktes Buch. Die Verlagswebsite www.grin.com ist die ideale Plattform zur Veröffentlichung von Hausarbeiten, Abschlussarbeiten, wissenschaftlichen Aufsätzen, Dissertationen und Fachbüchern.

Philosophische Fakultät der RWTH Aachen University

Institut für Soziologie

Seminar: Einführung in die Soziologie der Partnerschaft

WS 11/12

Gründe, Erklärungen und Rechtfertigungen für untreues Verhalten in einer Partnerschaft

vorgelegt als Hausarbeit

von

Carina Debeur

Datum der Abgabe:

4. März 2012

Inhalt

1 Einleitung

Treue ist neben vielen anderen Faktoren ein wichtiger Bestandteil romantischer Zweierbeziehungen. Besonders die Exklusivität der beiden Beziehungspersonen, d.h. sexuelle Treue und persönliche Loyalität, genießen eine große Bedeutung und Aufmerksamkeit (vgl. Burkart 1991: 499). Verschiedene Studien in den USA fanden heraus, dass „nahezu alle amerikanischen Paare [...] gegenseitige sexuelle Exklusivität von einander erwarten" (Treas & Giesen 2000: 48) und dass es wichtig sei, monogam zu sein (Treas & Giesen 2000: 48).

In Anbetracht dieser eindeutigen Einstellungen ist es umso verwunderlicher, dass die Hälfte aller verheirateten Amerikaner trotzdem in eine Form sexueller extradyadischer Untreue involviert sind (vgl. Drigotas et al. 1999: 509). Die Versuchung, einer solchen sexuellen Beziehung außerhalb der bestehenden Partnerschaft nachzugehen war und ist nach Buunk und Dijkstra ein weitverbreitetes Phänomen (vgl. Buunk & Dijkstra 2006: 533). Die Wahrscheinlichkeit, dass zumindest ein Partner eine außereheliche Beziehung eingeht, liegt laut einer Studie von Thompson zwischen 40% und 76% (vgl. Buunk & Dijkstra 2006: 534).

Beobachtet man die aktuellen Medien, so liest und hört man fast täglich von neuen Seitensprüngen bekannter Politiker, Hollywoodstars und Profisportler. Selbst in den europäischen Königshäusern spielt eheliche und – partnerschaftliche Untreue eine große Rolle.

Ausgehend von der genannten Unstimmigkeit zwischen der Inakzeptanz von extradyadischen Beziehungen und tatsächlich vorkommender Untreue stellt sich die Frage, aus welchen Gründen einige Personen trotzdem untreu sind und welche Faktoren solch ein Verhalten beeinflussen. Zur Beantwortung wird sich die vorliegende Hausarbeit mit den soziobiologischen Erklärungen, persönlichen Motiven und partnerschaftlichen Korrelaten und gesellschaftsspezifischen bzw. externen Gründen für dieses Phänomen befassen. Dabei werden sowohl post-hoc Erklärungen als auch vorhersagende Veränderungen in den Verhaltensweisen und individuellen Empfindungen als Begründungen in Betracht gezogen. Allerdings wird der Unterschied zwischen außerehelicher und außerpartnerschaftlicher Untreue nicht näher berücksichtigt. Aufgrund unterschiedlicher Auffassungen von Untreue wird der Begriff zunächst definiert und die verschiedenen Formen der Untreue vorgestellt. Darüber hinaus werden verschiedene Formen der Untreueforschung und ihre Schwerpunkte aufgezeigt werden.

2 Definitionen und Formen von Untreue

Um Missverständnisse im Gebrauch des Untreue-Begriffs durch individuelle Interpretationen zu vermeiden, ist eine eindeutige Definition des Wortes nötig. Im folgenden wird unter Untreue eine Kombination aus zwei Faktoren verstanden: Erstens das Gefühl, dass ein Partner eine Beziehungsnorm in Bezug auf die Interaktion mit einer oder mehreren Personen verletzt hat und zweitens die Tatsache, dass dieser Verstoß gegen die Beziehungsnormen bei

der oder dem Betrogenen typische Eifersuchtsreaktion und Rivalitätsgedanken hervorruft (vgl. Drigotas et al. 1999: 509). Problematisch an dieser Definition ist allerdings das eventuelle unterschiedliche Verständnis von Beziehungsnormen. Für einige mag schon ein Flirt des Partners gewisse Eifersuchtsgefühle erwecken, andere dagegen stehen solch einem Verhalten des Partners eher gelassen gegenüber (vgl. Buunk & Dijkstra 2006: 533). Demzufolge kann Untreue also viele unterschiedliche Formen annehmen, wie etwa „One-Night-Stands, leidenschaftliche Affären, sexuelle Phantasien gegenüber jemand anderem, [...], extradyadische romantische Zuneigung, flirten und auch Sex mit Prostituierten" (Buunk & Dijkstra 2006: 533). Auch die Umstände und Situationen, die zur Untreue führen, sowie die Begründungen und Rechtfertigungen beeinflussen die Annahme, inwiefern und wann ein bestimmtes Verhalten als Betrug an der Partnerschaft verstanden oder als unbedenklich akzeptiert wird (vgl. Feldmann et al. 2000: 501). Boekhout und andere fanden dazu passend heraus, dass es meist keine Unstimmigkeiten über die sexuelle Exklusivität in der bestehenden Beziehung gibt, die Befragten jedoch unsicher auf die Frage nach der Grenze von nicht-sexuellen außerpartnerschaftliche Tätigkeiten reagierten (vgl. Boekhout et al. 1999: 100).

Um die verschiedenen Vorkommnisse von Untreue einzuordnen, unterschied Kinsey als einer der ersten Gesellschaftswissenschaftler zwischen sexueller und emotionaler Untreue (vgl. Barta & Kiene 2005: 339). Sexuelle Untreue ist demnach durch eine sexuelle Handlung bzw. Beziehung mit einer Person außerhalb der bestehenden Partnerschaft und ohne das Ausleben emotionaler Gefühle gekennzeichnet. Im Gegensatz dazu umfasst emotionale

Untreue die Entstehung von romantischen Gefühlen für eine extradyadische Person, allerdings ohne zwingenden sexuellen Kontakt (vgl. Buunk & Dijkstra 2006: 533, Shackelford & Buss 1997:1034–1035).

Typische Vorkommnisse für sexuelle Untreue findet man beispielsweise in der „Beziehung eines verheirateten Mannes mit einer Prostituierten" (Barta & Kiene 2005: 341) oder auch beim 'hookup', der sexuellen Begegnung zwischen zwei Fremden bzw. flüchtigen Bekannten, die normalerweise nur eine Nacht dauert (Paul et al. 2000: 76). Besonders der Konsum von Alkohol oder anderen Drogen spielen bei ‚hookups' eine gesonderte Rolle (Paul et. al 2000: 83).

Emotionale Untreue tritt dagegen zum Beispiel in der „konfessionellen Atmosphäre" (Barta & Kiene 2005: 341) der heutigen Internet Chatrooms auf. Abhängig von der Stärke der gegenseitigen Selbstoffenbarung der Chatpartner, kann solch eine geheime und intime Beziehung zu einer extradyadischen Person auch ohne den Gedanken an ein sexuelles Hintergehen stark gefährdend für die bestehende Partnerschaft sein (vgl. Barta & Kiene 2005: 341). Angesichts der Fülle an Chatrooms ist die Ernsthaftigkeit und Seriosität der Chatpartner und -foren allerdings eher fraglich.

3   Forschungsweisen und -schwerpunkte

Drigotas, Safstrom und Gentilia zufolge können Studien über Untreue gemäß der drei folgenden Kategorien klassifiziert werden: die deskriptive

Forschung, die sich mit den untreuen Personen und der Anzahl der Untreuefälle beschäftigt; die Reaktionsforschung, welche die Reaktionen auf einen untreuen Partner ermittelt und die Erklärungsforschung, die den Gründen für bestimmte Untreueverhaltensweisen nachgeht. Die bestehende Literatur wird laut der drei Autoren dabei in folgende Rubriken eingeteilt: Sexualität, emotionale Zufriedenheit, sozialer Kontext, Einstellungen/Normen und Rache/Feindseligkeit. Die Forschung bezüglich sexueller Sachverhalte beschäftigt sich mit dem hypothetischen Bedürfnis nach sexueller Vielfalt und der sexuellen Unverträglichkeit mit dem eigenen Partner. Die emotionale Zufriedenheitsforschung bezieht sich – wie der Name vermuten lässt – auf die emotionale (Un)Zufriedenheit in der Partnerschaft sowie der Stärkung des Selbstwertgefühls. Unter sozialkontextuellen Faktoren werden Gelegenheiten, physische Nähe und Trennung vom derzeitigen Partner verstanden. Untersuchungen hinsichtlich der Einstellung und Normen sexuell aufgeschlossener Personen zeigten, dass solche öfters zugaben, in einer außerpartnerschaftlichen Beziehung verwickelt zu sein.

In weiteren Forschungen wurde ein gewisser Zusammenhang von Rache bzw. Feindseligkeiten und Untreue herausgestellt (vgl. Drigotas et al. 1999: 509–510).

Allerdings wurden die meisten Ergebnisse nur aus post-hoc Erklärungen zu Motiven und Begründungen zusammengetragen. Seltener hat man dagegen vorhersagende Veränderungen der Gefühlslage und Verhaltensweisen in Bezug auf mögliche Untreue untersucht. Des Weiteren analysierten die bisherigen Studien das Untreueverhalten überwiegend nur bei verheirateten Paaren und nicht in nichtehelichen Beziehungen (vgl. Drigotas et al. 1999:

510). Ein ebensolcher Schwerpunkt liegt in der Forschung von Geschlechtsunterschieden, insbesondere in der Bewertung und Billigung von bestimmten extradyadischen Verhaltensweisen (vgl. z.B. Babin & Dindia 2005, Feldmann et al. 2000).

Folgend werden nun verschiedene Gründe für bereits begangene und zukünftige Untreue aus mehreren theoriegebundenen Sichtweisen betrachtet und näher erläutert (vgl. auch Shackelford & Buss 1997: 1034).

4 Einflussfaktoren für untreues Verhalten

Einer Studie von Glass und Wright zufolge wird zwischen mehreren Begründungen für außerpartnerschaftliche Beziehungen unterschieden. Dabei handelt es sich sowohl um sexuelle und emotionale als auch extrinsische Faktoren. Die sexuelle Komponente umfasst demnach „sexuelle Erregung und Neugier, Novität oder Vielfalt sowie sexuelles Vergnügen" (Glass & Wrigtht 1992: 376). Emotionale Motive werden zudem noch in eine Liebes- und emotional-intime Kategorie unterteilt. Erstere umfasst die liebevolle Zuneigung und das tatsächliche Verlieben in eine andere Person. Zu den emotional-intimen Faktoren zählen dagegen „Aspekte wie enge Freundschaft, geistiger Austausch, Gemeinschaft, Verständnis, Respekt und gesteigerte Selbstwertschätzung (Glass & Wright 1992: 376). Zuletzt fassen die beiden Autoren unter den äußeren Faktoren Gründe wie berufliche Förderungen und Aufstiege sowie Rache zusammen.

Im Folgenden werden nun verschiedene Erklärungsansätze für Untreue dargestellt. Der Schwerpunkt liegt dabei in der Darstellung von beeinflussenden Faktoren für alle Arten untreuer Verhaltensweisen.

4.1 Soziobiologische Erklärungen

Die Grundlage des soziobiologischen Ansatzes besteht in der Annahme, „dass es biologisch festgelegte Verhaltensprogramme gibt, die veränderbar unsere Sozialbeziehungen bestimmen" (Lenz 2009: 33). Dazu zählt neben dem Geschlecht auch das Alter der betreffenden Person.

Wie bereits erwähnt, genießt die Erforschung von Geschlechtsunterschieden in Bezug auf Untreue eine besondere Bedeutung. Hinsichtlich der reinen geschlechtsbedingten Begründung für außerpartnerschaftliche Aktivitäten werden aber besonders andere einfließende Faktoren untersucht und erst danach die ermittelten Geschlechtsunterschiede herausgestellt.

Nichtsdestotrotz gehen Sozialwissenschaftler und Psychologen bei ihrer Suche nach Begründungen für Untreue zunächst von evolutionsbiologischen Unterschieden zwischen den Geschlechtern aus. Diesen Theorien zufolge sei die „primäre Absicht des menschlichen Paarungsverhaltens die reine Weitergabe der eigenen Gene" (Boekhout et al. 1999: 103) und dient damit der „erfolgreichen Fortpflanzung unter den Menschen" (k & Dijsktra 2006: 536). Bei der Verfolgung dieses Ziels benutzen Männer und Frauen – begründet durch unterschiedliche biologische Fortpflanzungscharakteristika – verschiedene Strategien (vgl. Boekhout et al. 1999: 103). Für unsere weiblichen Vorfahren war es damals eine absolute Notwendigkeit in eine

nachhaltige und langfristige Beziehung zu investieren um Nachwuchs zu zeugen und diesen ins fortpflanzungsfähige Alter zu bringen. Im Gegensatz dazu hatten unsere männlichen Urahnen schon bei einer einzigen Gelegenheit des Geschlechtsverkehrs die Möglichkeit sich fortzupflanzen – und damit ihr ,Ziel' erreicht (vgl. Buunk & Dijkstra 2006: 536-537). Abgeleitet auf das Untreueverhalten unserer Gesellschaft könnte dies bedeuten, dass Frauen durch ihr untreues Verhalten, nach männlichen emotionalen Investitionen suchen um wertvolle Ressourcen für das erfolgreiche Großziehen ihres Nachwuchs zu gewinnen. Sie sind sich zwar stets ihrer Mutterschaft bewusst, riskieren jedoch ein Verlust an ebensolchen männlichen Ressourcen, wenn ihre Partner sich anderen Frauen zuwenden (vgl. Boekhout et al. 1999: 103). Männer dagegen können sich ihrer Vaterschaft oft nicht sicher sein und „riskieren die Möglichkeit, Zeit und Ressourcen in Sprösslinge zu investieren, die gar nicht von ihnen stammen" (Boekhout et. al 1999: 103). Sie sind daher offener hinsichtlich sexueller Beziehungen außerhalb der bestehenden Partnerschaft und aus evolutionsbiologischer Sicht eher an kurzweiligen Beziehungen interessiert (vgl. Buunk, Dijkstra 2006: 537).

Auch wenn einige Studien einen Zusammenhang zwischen Geschlecht und Art der Untreue belegen (Frauen tendieren eher zu emotionaler, Männer dagegen vielfach zu sexueller Untreue – vgl. z.B Glass & Wright 1985, Sheppard et al. 1995, Boekhout et al 1999), fanden Babin und Dindia keine eindeutigen Verbindungen zwischen den genannten Komponenten (vgl. Babin & Dindia 2005: 14). Die Studie von DeSteno zeigt allerdings, dass Frauen die emotionale Untreue ihrer Partner und Männer die sexuelle Untreue ihrer

Partnerinnen als gefährdend und hochgradig eifersuchtserweckend einschätzen (vgl. DeSteno et al. 2002: 1113), auch z.B. Buunk & Dijkstra 2006, Boekhout et al. 1999). Angesichts der aktuellen Ergebnisse bezüglich der Geschlechterunterschiede liegt es nahe, dass sich die evolutionsbiologischen Unterschiede im Laufe der Jahre angleichen und sodann keine Rolle mehr für die Suche nach Motiven der Untreue spielen. Neben traditionell begründeten Erklärungen gewinnen dann eher soziale und gesellschaftliche Faktoren an Bedeutung, wie z.B. geschlechtsbedingt verschiedene Sozialisationsprozesse (s. Kapitel 4.3).

Dieser Deutung stehen allerdings die Ergebnisse von Glass und Wright gegenüber, die einen Zusammenhang zwischen Geschlecht und Art der Rechtfertigungen für Untreue herausfanden. Demnach tendieren Frauen eher zu emotionalen Begründungen, Männer hingegen zu sexuellen Motiven (vgl. Glass & Wright 1992: 374).

Das Alters untreuer Personen und ihre spezifischen Begründungen für schon begangene bzw. zukünftige Untreue sind bisher nicht Gegenstand bestehender Literatur. Allerdings steigt in höheren Lebensjahren durch die rein zeitlich bedingten vermehrten Möglichkeiten die Wahrscheinlichkeit, Untreu gewesen zu sein (vgl. Helms & Bierhoff 2001: 23). Auch die Länge der Beziehung könnte zu sexueller Langeweile ausdrücken und somit zur Untreue führen (vgl. Helms & Bierhoff 2001: 23). Zudem ist auch der heutige offene, vom Alter unabhängige Umgang mit Sexualität für sowohl jüngere als auch ältere Personen ein wichtiger Einflussfaktor.

4.2 Persönliche Motive und partnerschaftliche Korrelate

Neben den sozio-biologischen Erklärungen für Untreue existiert eine Vielzahl an persönlichen Faktoren wie z.B. Einstellung gegenüber Sexualität, die auf eine erhöhte ‚Gefährdung' für Untreue hinweisen. Auch gesonderte Persönlichkeitsmerkmale geben Aufschluss über individuelle Schwächen und der daraus resultierenden Möglichkeit, in untreues Verhalten verwickelt zu sein (vgl. Barta & Kiene 2005: 343). Ausgehend von der Theorie der „Big Five personality traits" (Barta & Kiene 2005: 343), welche die Eigenschaften Neurotizismus, Extravertiertheit, Pflichtbewusstsein, Offenheit für Erfahrungen und Erlebnisse sowie Verträglich- bzw. Liebenswürdigkeit beinhaltet, wurde in der genannten Studie der Zusammenhang dieser Merkmale mit Untreue untersucht. Die Studie kam zu dem Ergebnis, dass besonders Personen mit niedrigen Pflichtbewusstseinswerten, geringerer Fähigkeit zur Verträglich- bzw. Liebenswürdigkeit und auf der anderen Seite auch höheren Messungen im Bereich des Neurotizismus eher zu untreuem Verhalten neigen (vgl. Barta & Kiene 2005: 351, Buunk & Dijkstra 2006: 538). Ältere Studien gehen noch weiter und charakterisieren Individuen, die in einer Art des außerpartnerschaftlichen Geschlechtsverkehrs verwickelt sind, durch ein niedrigeres Niveau an Wohlbefinden und geistiger Gesundheit oder gar als an einer histrionischen, d.h. pathetischen, Persönlichkeitsstörung leidend (vgl. Buunk & Dijkstra 2006: 538).

Wie bereits erwähnt spielt auch die Einstellung gegenüber Sexualität eine besondere Bedeutung im Hinblick auf begangene Untreue. Personen mit erhöhtem Interesse an Permissivität und sexueller Freizügigkeit neigen daher

eher auch zum außerpartnerschaftlichen Ausleben dieser Sexualität, ergo sexueller Untreue (vgl. Helms & Bierhoff 2001, Treas & Giesen 2000, Barta & Kiene 2005). Zusätzlich wurde ein Zusammenhang von sexueller Instrumentalität, d.h. eine[r] körperbezogene[n] Orientierung, die die eigene Lust betont" (Helms & Bierhoff 2001: 11) und einer „'unrestricted' sociosexual orientation (SO)" (Barta & Kiene 2005: 344) hergestellt. Letztere bezieht sich dabei auf „sexuell durchsetzungsfähige Verhaltensweisen" und umfasst Aspekte wie Flirten, das Halten von Augenkontakt und „körperliche Annäherung in sozialen Interaktionen" (Barta & Kiene 2005: 344).

Die sexuelle Einstellung hängt eng mit dem Faktor der bisherigen Untreue zusammen. Personen, die in ihrer Vergangenheit schon einmal untreu waren, hatten demnach auch mehrere Sexualpartner und tendieren durch ihre relativ uneingeschränkte SO zur Weiterführung dieses Verhaltens (vgl. Barta & Kiene 2005: 344).

Gegenüber den persönlichen Motiven existieren auch verschiedene Erklärungen untreuer Partner, die sich mehr auf Probleme und Unstimmigkeiten in der bestehenden Beziehung stützen. Einer dieser Faktoren wird unter dem Begriff ‚Bindungsstil' zusammengefasst. Die Studie von Bierhoff und Helms untersuchte diesbezüglich u.a. vier verschiedene Bindungsstile im Zusammenhang mit möglicher Untreue. Ihren Resultaten zufolge berichten sichere Personen, d.h. Menschen mit geringen Ausprägungen bezüglich der Angst und Vermeidungsdimension, über weniger begangene Untreue (Helms & Bierhoff 2001: 17). Angst beinhaltet dabei „das Gefühl der Bedrohung durch Trennung und Liebesentzug, während Vermeidung durch geringes Interesse an zwischenmenschlicher

Nähe und Selbstgenügsamkeit gekennzeichnet ist" (Helms & Bierhoff 2001: 10). Im Gegensatz dazu tendieren Personen mit einem ängstlich-ambivalenten Bindungsstil, welcher durch hohe Ausprägung der Angst- und Vermeidungswerte definiert wird, eher zu untreuem Verhalten (vgl. Buunk & Dijkstra 2006: 539). Außerdem wurde angenommen, dass diese Personen – trotz ihrer gleichzeitigen Orientierung am Partner – durch ihr großes Misstrauen stärker die sexuelle bzw. emotionale Befriedigung und Zuneigung außerhalb der bestehenden Partnerschaft suchen als sichere gebundene Personen. Auch bei Menschen mit einem ängstlich-vermeidenden Bindungsstil besteht durch ihr „geringes Vertrauen [gegenüber] dem Partner [...] und Furcht vor emotionaler Intimität" (Helms & Bierhoff 2001: 21) ein erhöhtes Risiko für untreue Verhaltensweisen außerhalb der bestehenden Beziehung (vgl. Helms & Bierhoff 2001).

Des Weiteren ist auch die Art des ‚Liebesstils' von Bedeutung. Da die verschiedenen Facetten der Liebe verschieden stark ausgeprägt und bevorzugt werden können, spielen sie dementsprechend auch unterschiedliche Rollen hinsichtlich der Untreue (vgl. Helms & Bierhoff 2001: 9). In der Studie von Helms und Bierhoff wurde hierzu belegt, dass besonders die spielerische Liebe (Ludus), welche „Verführung, sexuelle Freiheit und sexuelle Abenteuer" (Helms & Bierhoff 2001: 9) bedeutet, eng mit berichteter Untreue in Zusammenhang steht (vgl. auch z.B. Wiedermann & Hurd 1999: 272). Im Gegensatz dazu korreliert die romantische Liebe (Eros), also „die unmittelbare Anziehung durch die geliebte Person" (Helms & Bierhoff 2001: 9), negativ mit der geschilderten Untreue. Abgeleitet aus den Ergebnissen ist demnach der spielerische Liebesstil ein bedeutsamer Prädiktor für sexuelle

Untreue. Emotionale Untreue dagegen zeichnet sich zwar auch durch eine hohe Einstellung zur spielerischen Liebe aus, allerdings ist hier auch die positive Haltung gegenüber der romantischen Liebe von Bedeutung (Helms & Bierhoff 2001: 20). Zur weiteren Definition der Einstellungen von romantischen Personen zählt neben den „tiefen Liebesgefühlen [...] und leidenschaftliche[n] Verlangen dem Partner gegenüber" (Helms & Bierhoff 2001: 20), dem Aussprechen gegen Permissivität und für eine größere Bereitschaft zur längerfristigen Bindung, auch eine größere berichtete Beziehungszufriedenheit (vgl. Helms & Bierhoff 2001: 20).

Die Zufrieden- bzw. Unzufriedenheit in einer Partnerschaft spielt als Rechtfertigung für Untreue in vielen Studien eine bedeutende Rolle (vgl. z.B. Glass & Wright 1992, Sheppard et. al. 1995, Shackelford & Buss 1997, Boekhout et al. 1999, Drigotas et al. 1999, Wiedermann & Hurd 1999, Feldmann et al 2000, Treas & Giesen 2000, Buunk & Dijkstra 2006). So fanden zum Beispiel Barta und Kiene in ihren Untersuchungen heraus, dass Unzufriedenheit mit dem derzeitigen Partner bzw. der Beziehung von 51% der Befragten als Grund für begangene Untreue genannt wurde (vgl. Barta & Kiene 2005: 352).

Der Faktor Zufriedenheit spielt auch in der sozialen Austauschtheorie des Investment-Modells eine tragende Rolle. Solche Theorien gehen davon aus, dass „Individuen ihre Beziehungen auf Basis der Reziprozität von Kosten und Nutzen formen und auch weiterführen" (Buunk & Dijkstra 2006: 535).

Der Ansatz des Investment-Modells beschreibt dabei zunächst ‚commitment', also Verpflichtung bzw. Hingabe, als die „zentrale Kraft in romantischen Beziehungen" (Drigotas et al 1999: 510). Commitment

wiederum besteht aus drei Elementen: ‚satisfaction', ‚alternative quality' und ‚investments'. Mit ‚satisfaction' sind die ‚outcomes' der Beziehung, d.h. das, was man von und in der Partnerschaft ‚bekommt', gemeint, ‚alternative quality' bezieht sich auf die erwartbaren ‚outcomes' der nächst besten Alternative und ‚investments' definiert die sowohl materiellen als auch ideellen Dinge, welche bei Beendigung der Beziehung verloren gingen. Demnach werden Personen, die eine hohe Zufriedenheit und Investitionsbereitschaft in der Partnerschaft aufweisen und über wenig ‚reizvolle Alternativen' für ihren derzeitigen Partner verfügen, als mehr ‚commited' angesehen als Menschen mit geringer Beziehungszufriedenheit und vielen qualitativ besseren ‚Möglichkeiten' zum Austausch ihrer Partner (vgl. Drigotas et al 1999: 510). Im Hinblick auf Untreue sind die beiden zuletzt genannten Punkte von großer Bedeutung, insbesondere bezogen auf die bereits erwähnten Auswirkungen von Unzufriedenheit für die Partnerschaft. Wie in ihren Hypothesen bereits angenommen, fanden Drigotas und andere tatsächlich einen Zusammenhang zwischen den drei Komponenten bzw. dem Grad der Hingabe und begangener Untreue. Die Befragung von amerikanischen Studenten nach ihrer persönlichen Einschätzung zu Zufriedenheit, Alternativen und Investitionen in ihrer Partnerschaft wurde nach zwei Monaten wiederholt und durch die Prüfung von eventuellen Veränderungen in ihrem Beziehungsstatus und in dieser Zeit begangener Untreue ergänzt (vgl. Drigotas et al. 1999: 511). Den Ergebnissen zufolge waren Personen, die unzufriedener, weniger investitionsbereit und mehrere Alternativen zur Auswahl hatten, eher untreu ihrem Partner gegenüber als zufriedene und investitionsbereite Studenten

mit wenigen ‚alternative qualities' (vgl. Drigotas et al. 1999: 513). Aus den Resultaten folgert Drigotas, dass der Grad des ‚commitments' einer Person ein sehr wichtiger Prädiktor für zukünftige Untreue sei und auch erklären könnte, wieso eine scheinbar glückliche Beziehungsperson fremdgeht oder ein in seiner Partnerschaft unglücklicher Mensch treu bleibt (vgl. Drigotas et. al 1999: 510).

Die beim Investment-Modell schon angedeuteten Kosten und Nutzen einer Beziehung sind für die Interdependenz-Theorie von besonderer Bedeutung. Die zwei tragenden Konzepte werden als ‚comparison level' (CL) und ‚comparison lever for alternatives' (CLalt) bezeichnet. CL umfasst dabei – ähnlich wie die Zufriedenheit des Investment-Modells – die erwartete und verdiente Anerkennung in der Beziehung während CLalt das „niedrigste Level an ‚outcomes' im Bezug auf verfügbare alternative Möglichkeiten" (Buunk & Dijkstra 2006: 536) beschreibt. Kontrollieren und beeinflussen die Beziehungspersonen nun die gegenseitigen ‚outcomes', werden diese miteinander verflochten und die beiden Partner dadurch voneinander abhängig. Freut sich beispielsweise eine Studentin über eine gute Note in einer Klausur, wird auch dies zu einem positiven Nutzen für den Partner, wenn dieser ihr beim Lernen geholfen hat. Die Interdependenz-Theorie geht also davon aus, dass abhängige Personen mehr zu verlieren haben und daher in einem geringeren Maße zur Untreue neigen als Menschen, die freier und unabhängiger von ihrem Partner leben (vgl. Buunk & Dijkstra 2006: 536).

Ein anderer Ansatz der sozialen Austauschtheorie ist der der sogenannten ‚equity theory'. Die gemeinte Gleichheit bezieht sich dabei auf eine Balance von ‚inputs' und ‚outputs' zwischen den beiden Beziehungspersonen. Ist

allerdings kein Gleichgewicht von Investitionen gegeben, können sich die Partner entweder ,over-' oder ,underbenefitted' fühlen. Ausgehend von dem Wunsch nach Wiederherstellung dieser Balance, kann z.b. durch außerpartnerschaftlichen Sex ein ebensolches, eventuell auch unbewusstes, Ungleichgewicht als vorhersagender Faktor für Untreue in Betracht gezogen werden (vgl. Buunk & Dijkstra 2006: 536).

Bezüglich der Kosten- und Nutzenkalkulation ist auch eine „persönliche Bereitschaft" (Barta & Kiene 2005: 342), d.h. eine vorherige Entscheidung, dass die Vorteile einer außerpartnerschaftlichen Beziehung die damit verbundenen Kosten übertreffen, wichtig für noch nicht begangenes untreues Verhalten. Die betreffende Person muss sich überlegen, ob es zweckmäßig sei, „im Interesse der Stabilität der Beziehung [solche] fragwürdige[n] Abenteuer" (Burkart 1991: 503) einzugehen.

4.3 Gesellschaftsbedingte und externe Gründe

Die bisher aufgeführten Motive und Theorien für mögliche oder bereits begangene Untreue bezogen sich nur auf das Individuum und seine Partnerschaft. Wie aber bereits mehrfach angedeutet, spielen auch externe Gründe wie die Schaffung von Möglichkeiten zur intimen Kontaktaufnahme mit anderen Personen eine große Rolle.

Solche Gelegenheitsstrukturen beziehen sich fast ausschließlich auf sexuelle Untreue und umfassen die Existenz von potentiellen Partnern, mit denen man den Betrug durchführen kann, und Umstände, welche die Heimlichkeit des Treffens erleichtern. Demnach haben Personen, die sich zwar in einer festen

Beziehung befinden aber nicht mit ihrem Partner zusammenwohnen, mehr Gelegenheiten sich mit jemand anderen zu treffen und so auch eher die Möglichkeit sexuell untreu zu sein (vgl. Treas & Giesen 2000: 49). Besonders Männer berichten diesbezüglich über ein größeres Verlangen nach solchen gerade definierten Gelegenheiten (vgl. Glass & Wright 1992: 363). Auch in Bezug auf die sozialen Netzwerke des Paares existieren einige Indikatoren für mögliche Untreue. Ist der „Überlappungsbereich im Paar-Netzwerk" (Lenz 2009: 253-254) gering und gibt es dementsprechend wenig bis gar keinen Kontakt zwischen den Personen innerhalb der Netzwerke der beiden Partner, so steigt auch aufgrund der erhöhten Geheimhaltungsstufe die Möglichkeit zur Untreue (vgl. Treas & Giesen 2000: 58). Wenn die Mehrheit der Personen innerhalb der Netzwerke – ganz gleich wie groß der Überlappungsbereich ist – sich allerdings offen gegen Untreue ausgesprochen haben, sinkt die Tendenz zur Untreue der beiden Beziehungspersonen durch die erschwerten Umstände der Geheimhaltung (vgl. Treas & Giesen 2000: 50).

Genauso interessant ist auch die Betrachtung des Arbeitsplatzes und den damit verbundenen Gelegenheiten bzw. dem Kontakt zu möglichen extradyadischen Partnern. So bieten besonders Beschäftigungen, die Dienstreisen oder ähnliches vom Arbeitnehmer verlangen mehr Möglichkeiten für zumindest außerpartnerschaftlichen Geschlechtsverkehr (vgl. Treas & Giesen 2000: 50). Auch wenn dieses Ergebnis anderer Studien in der von Treas und Giesen nicht bestätigt wurde, ist der Arbeitsplatz in solchen Fällen zumindest ein raum- und gelegenheitsschaffender Bereich für potentielle Untreue.

In Bezug auf die Räumlichkeit spielt auch der Ort eine beeinflussende Rolle. Demnach <u>haben</u> Personen, die in einer Großstadt leben, aufgrund der erhöhten Anonymität und ‚Auswahl‘ an möglichen Sexualpartnern auch eine größere Wahrscheinlichkeit untreu zu sein als z.B. Bewohner ländlicher Regionen. Dieser Umstand wird durch die Ergebnisse von Burkart, der u.a. die Treuevorstellung in fünf sozio-regionalen Milieus untersuchte, belegt. Besonders im untersuchten ländlichen Gebiet gilt Treue als Selbstverständlichkeit und „Prinzip der stillschweigenden Vereinbarung“ (Burkart 1991: 495). Auch weil der Treuebegriff nicht allzu moralisch besetzt und der Individualisierungsbedarf hier eher gering ist, „gab es für [die Menschen] auch nicht die Notwendigkeit einer experimentierenden Phase, in der die Möglichkeiten der Untreue erprobt wurde“ (Burkart 1991: 496). Treue ist eine Regel, „die im Interesse aller das Zusammenleben erleichtert“ (Burkart 1991: 495). Untreue dagegen gilt als schädlich für den ‚guten Ruf‘ der Familie und wird somit versucht zu vermeiden (vgl. Burkart 1991: 496). Unabhängig davon werden Menschen aus einer Großstadt auch permissivere Einstellungen gegenüber Sexualität zugesprochen (vgl. Treas & Giesen 2000: 50). Allerdings muss hier- wie in der Studie von Burkart - genauer zwischen den einzelnen Milieus unterschieden werden, denn die ‚Arbeiterschicht‘ aus einer Großstadt wie Dortmund kann nicht oder nur schwer mit Akademikerkreisen aus einer anderen Großstadt wie Berlin verglichen werden. Nichtsdestotrotz darf der Wohnort einer untreuen Personen als Grund für ihr Verhalten nicht vernachlässigt werden.

Demographisch gesehen ist auch die Herkunft der fremdgehenden Personen interessant. Die Studie von Treas und Giesen kam - die bisherigen

Erhebungen bestätigend – zu dem Ergebnis, dass Menschen afro-amerikanischer Herkunft mehrere Sexualpartner haben, und daher bereits durch ihre Herkunft zur Untreue neigen (vgl. Treas & Giesen 2000: 49, 54, 59). Da der Zusammenhang von Herkunft bzw. kulturellen Hintergrund und Untreue aber noch nicht ausreichend untersucht wurde, ist dieser Faktor als weniger aussagekräftig anzusehen. Allerdings bleibt zu berücksichtigen, dass die Normen und Werte der jeweiligen Kultur und Gesellschaft zu extradyadischen Beziehungen das Auftreten ebensolcher Verhaltensweisen bedingen können (vgl. Sheppard et al. 1995: 211, Buunk & Dijkstra 2006: 535).

Ähnlich wie bei den persönlichen Motiven und partnerschaftlichen Korrelaten gibt es auch für die gesellschaftsbedingten und externen Gründe verschiedene Theorien für Untreue. Eine davon ist die soziale Lerntheorie. Dieser Theorie zufolge gibt es – ähnlich wie bei dem evolutionsbiologischen Ansatz – Geschlechtsunterschiede hinsichtlich der Untreue durch Sozialisationserfahrungen in der frühen Kindheit. Demnach wurden schon Kleinkindern die grundlegend traditionellen und geschlechtsspezifischen Rollen beigebracht, was zu einer Internalisierung und Festigung dieses Rollendenkens in der Kindheit führte. Besonders im Bezug auf Beziehungen und Sexualität war dies von prägender Bedeutung. Traditionsgemäß wurden Mädchen eher zu einer emotionalen Ausdrucksweise und zur Verantwortung für das Bestehen einer Beziehung erzogen. Auch dass sie erst Sex haben sollten, wenn sie sich in einer festen Partnerschaft befinden, wurde schon von Kindestagen an Mädchen herangetragen. Jungen dagegen vermittelte man neben sexueller Permissivität auch das Gefühl, aufgrund vieler

Sexualpartnerinnen und dem Nicht-Zeigen von emotionaler Schwäche als ‚Held' dargestellt zu werden (vgl. Boekhout et al. 1999: 103-104). Diese schon frühen rollengebundenen Verhaltensweisen haben sich bei einigen Personen – aufgrund der Beschreibungen insbesondere bei Männern – gegebenenfalls so stark bis ins Erwachsenenalter durchgesetzt, dass auch bestimmte Untreueformen durch die soziale Lerntheorie erklärt werden können. Untreue Frauen dagegen passen auf den ersten Blick nicht in das Schema der traditionellen Geschlechterrollen-Sozialisation. Besonders interessant wäre hierzu eine Untersuchung der Unterschiede bezüglich der elterlichen Erziehung untreuer weiblicher Individuen. Des Weiteren haben die in der frühkindlichen Phase vermittelten Eigenschaften und Fähigkeiten auch einen gewissen Einfluss auf den bereits genannten Bindungsstil (vgl. Hill 2006: 251). Allerdings fehlen auch hier empirische Untersuchungen bezüglich eines resultierenden Untreueverhaltens.

5   Zusammenfassung und Fazit

Zu Beginn der Hausarbeit stellt sich nach der dargestellten Unstimmigkeit zwischen der Intoleranz von untreuem Verhalten und trotzdem diagnostizierter Untreue die zentrale Frage, welche Gründe bzw. beeinflussenden Faktoren diese Irregularität rechtfertigen.
Um einen Überblick über das zu behandelnde Thema zu geben, wurde zunächst der Begriff der Untreue definiert und die möglichen Erscheinungsformen klassifiziert. Daraufhin erfolgte, im Hinblick auf die

nachfolgende Untersuchung der Begründungen für Untreue, eine Kategorisierung der bisherigen Forschungsansätze und ihrer Schwerpunkte. Anhand von drei Stufen wurde versucht, aus den vorausgegangenen Untersuchungen Erklärungsmuster zu ziehen. Bezüglich der soziobiologischen Begründungen erweist sich besonders die evolutionsbiologische Theorie als Erklärung für untreue Verhaltensweisen als wichtig. Demnach wurde schon durch unsere Vorfahren der Grundstein für die heutigen Tendenzen zur männlichen eher sexuellen und weiblichen eher emotionalen Untreue gelegt. Bei den Persönlichkeitsmerkmalen erweisen sich insbesondere ein niedriges Gefühl des Pflichtbewusstseins, der Verträglich- und Liebenswürdigkeit sowie ein Hang zum Neurotizismus als auffällige Prädiktoren für Untreue. Ebensolche Anzeichen wurden auch in den Einstellungen gegenüber Sexualität, insbesondere der Permissivität, sexuellen Instrumentalität und einer ‚unrestricted sociosexual orientation' gefunden. Des Weiteren lassen bereits begangene Untreuefälle auf ähnliche ebengenannte Einstellungen schließen, was unter anderem durch die bereits niedrigeren Überwindungskosten zur Beibehaltung und Weiterführung des untreuen Verhaltens bedingt wird. Hier können zukünftige Studien den Zusammenhang zwischen bereits begangener Untreue und deren Auswirkung auf Abgrenzung zwischen untreuem und treuem Verhalten genauer untersuchen.

Untreuebedingte Begründungen werden auch in der Untersuchung der partnerschaftlichen Korrelate gefunden. So deuten der spielerische Liebesstil und die ängstlich-ambivalenten und ängstlich-vermeidenden Bindungsstile auf eine erhöhte Gefährdung zur Untreue hin. In Bezug auf die bestehende

Partnerschaft ist besonders die Unzufriedenheit mit der Beziehung oder dem Partner von besonderer Bedeutung. Dieser entscheidende Faktor findet sich auch in der Theorie des Investment-Modells wieder. Demnach neigen unzufriedene und nicht zu Investitionen in ihrer Partnerschaft bereite Personen, die sich zudem noch vielen und ‚qualitativ höherwertigen' Alternativen für ihren derzeitigen Partner ausgesetzt sehen, eher zu untreuem Verhalten als Menschen mit den jeweils gegenteiligen Empfindungen. Auch tendieren der Interdependenz-Theorie zufolge von ihrem Partner oder der Beziehung unabhängige Personen aufgrund ihrer ‚nothing to loose'-Einstellung zu außerpartnerschaftlichen Beziehungen. Ausgehend von der equity theory kann die mögliche Ungleichheit der Kosten und Nutzen einer Beziehung unbewusst durch ein untreues Verhalten wieder hergestellt versucht werden. Personen, die sich bezüglich des von der bestehenden Beziehung gestifteten Nutzens, in einem unbalancierten Zustand befinden, sind demnach eher in extradyadischen Beziehungen verwickelt.

Bezüglich der gesellschaftsbedingten und externen Gründe spielen besonders die Gelegenheiten für untreues Verhalten eine bedeutende Rolle. Hat ein Individuum, gegeben durch die Art seines sozialen Netzwerkes und dem gemeinsamen Paarnetzwerk sowie den Gegebenheiten der Beschäftigung, mehr Gelegenheiten zur Untreue, so gelten diese beeinflussenden Faktoren auch als Erklärungen für außerpartnerschaftliche Beziehungen. Hinsichtlich der Herkunft und des Wohnortes von fremdgehenden Personen wurde bisher wenig geforscht, dennoch kann auf Basis der bestehenden Literatur angenommen werden, dass auch diese

Kriterien für Untreue sind. Zuletzt ist auch die Sozialisation und Vermittlung von Geschlechtsrollen in der frühen Kindheit ausschlaggebend für bestimmte (untreue) Verhaltensweisen im Erwachsenenalter. Eine genauere Untersuchung des Zusammenhangs zwischen der sozialen Lerntheorie und Untreue würde dementsprechend genauere Ergebnisse liefern.

Wie sich an der Vielzahl der genannten Erklärungen und Begründungen zeigt, existiert kein universales Motiv für Untreue. Die Gründe sind daher eine komplexe Mischung aus soziobiologischen, persönlichen, partnerschaftsbezogenen und gesellschaftsbedingten Faktoren. Ob und wann eine Person in der emotionalen und sexuellen Form der Untreue verwickelt ist, ist stark individuell und situationsabhängig (vgl. Sheppard et al 1995: 203, Barta & Kiene 2005: 355) und nicht nur durch ein bestimmtes Motiv erklärbar. Dabei spielt es keine Rolle, ob Untreue bei verheirateten Paaren oder in nichtehelichen Beziehungen auftritt. Auch falls Untreue von sexueller und emotionaler Natur sei (vgl. Babin & Dindia 2005: 20), die Auswirkungen sind signifikant und bedeuten die höchste Gefährdung für diese Beziehung (vgl. Boekhout et al. 1999: 121).

Im Vergleich zur bestehenden festen Partnerschaft, die über „Ansprüche auf Offenheit, Vertrauen, Wahrhaftigkeit, Rücksichtnahme, Gleichwertigkeit [...]" (Burkart 1991: 504), „Exklusivität" (Burkart 1991: 499) und Treue, also „[...] Verlässlichkeit, Zuverlässigkeit und Vertrauenswürdigkeit" (Burkart 1991: 499), definiert ist, sollten sich Personen, die sich gemäß den genannten Motiven in einer günstigen Lage befinden, überlegen, ob ein sexuelles Abenteuer oder emotionale Zuneigung zu einer außerpartnerschaftlichen

Person den Verlust einer romantischen Liebesbeziehung auch wirklich wert ist.

Literaturverzeichnis

Babin, Beth und Kathryn Dindia (2005): Sex Differences and Similarities in Emotional
    and Sexual Infidelity. Paper Submitted to the Interpersonal Division of the 2005
    National Communication Association Convention in Boston, Massachusetts.
    htttp://www.msubillings.edu/results.htm?q=babin

Barta, William D. und Susan M. Kiene (2005): Motivations for infidelity in
    heterosexual dating couples: The roles of gender, personality differences, and
    sociosexual orientation. In: *Journal of Social and Personal Relationships* 22:
    339–360.

Boekhout, Brock A., Susan S. Hendrick und Clyde Hendrick (1999): Relationship
    Infidelity: A loss perspective. In: *Journal of Personal and Interpersonal Loss* 4/2:
    97–124.

Burkart, Günter (1991): Treue in Paarbeziehungen. Theoretische Aspekte,
    Bedeutungswandel und Milieudifferenzierung. In: *Soziale Welt* 42/4: 489–509

Buunk, Abraham P. und Pieternal Dijkstra (2006): Extradyadic Relationships and
    Jealousy. In: A. L. Vangelisti und D. Perlmann (Hrsg.): *The Cambridge Handbook
    of Personal Relationships*. Cambridge: 533–555.

DeSteno, David, Monica Y. Bartlett, Julia Braverman und Peter Salovey (2002): Sex
    differences in jealousy: Evolutionary mechanism or artifact of measurement. In:
    Journal of Personality and Social Psychology 83/5: 1103–1116.

Drigotas, Stephen M., C. Annette Safstrom und Tiffany Gentilia (1999): An Investment Model Prediction of Dating Infidelity. In: *Journal of Personality and Social Psychology* 77: 509–524.

Feldmann, S. Shirley, Elizabeth Cauffmann, Lene Arnett Jensen und Jeffery J. Arnett (2000): The (Un)Acceptability of Betrayal: A Study of College Students' Evaluations of Sexual Betrayal by a Romantic Partner and Betrayal of a Friend's Confidence. In: *Journal of Youth and Adolescence* 29/4: 499–523.

Glass, Shirley P. und Thomas L. Wright (1985): Sex Differences in Type of Extramarital Involvement and Marital Dissatisfaction. In: *Sex Roles* 12/9–10: 1101–1120.

Glass, Shirley P. und Thomas L. Wright Ph. D. (1992): Justifications for Extramarital Relationships: The Association between Attitudes, Behaviours, and Gender. In: *Journal of Sex Research* 29/3: 361–387.

Helms, Lilian und Hans-Werner Bierhoff (2001): Lässt sich Untreue durch Geschlecht, Einstellung oder Persönlichkeit vorhersagen? In: *Zeitschrift für Familienforschung* 13/3: 5–25.

Hill, Paul B. und Johannes Kopp (2006): *Familiensoziologie – Grundlagen und theoretische Aspekte*. 4. Aufl. Wiesbaden: VS Verlag für Sozialwissenschaften.

Lenz, Karl (2009): *Soziologie der Zweierbeziehung – Eine Einführung*. 4. Aufl. Wiesbaden: VS Verlag für Sozialwissenschaften.